KB246828

나, ───── 의 책

Das Date
mit dir selbst

나,

의

책

마시멜로

차례

현재의 나를 들여다보기

과거의 나를 성찰하기

미래의 나를 스스로 만들어 가기

들어가며

지난 10년, 20년 동안 세상은 그 어느 때보다 더 급격하게 변화했습니다. 인터넷 덕분에 수백만 개의 정보에 즉시 접근할 수 있고, 우리 눈앞에는 수천 가지의 가능성이 펼쳐져 있습니다. 어떻게 인생을 살아갈지, 어떤 직업을 선택할지, 어떻게 건강하게 먹고 마실지 심지어 어떻게 데이트를 준비할지까지도 말이지요.

이 모든 일은 대부분 우리가 늘 손에 쥐고 있는 스마트폰에서 이루어집니다. 혹시 알고 있나요? 하루에 단 2시간만 스마트폰을 사용해도, 그 시간은 1년에 내 인생의 한 달을 차지하게 된다는 사실을요.

이 책은 나 자신에게 보내는 초대장입니다. 스마트폰 화면을 바라보는 시간을 줄이고 더 충만한 삶을 살아가자는 초대입니다. 나는 누구인지, 무엇을 소중히 여기는지, 어디로 나아가고 싶은지, 이 모든 답을 찾는 여정으로의 초대이기도 합니다.

이 책은 자기계발을 권하지 않습니다. 내 안에 자연스럽게 존재하는 창조적인 자아를 다시 깨우도록 돕고자 합니다.

이 책이 말하는 성공의 정의는 이렇습니다. 진정한 나로 살아가는 것, 자신을 행복하게 만드는 일을 하는 것 그리고 내 인생이 의미 있는 무언가를 이루고 있다고 느끼는 것. 그게 무엇이든 상관없습니다. 그 답은 오직 내 안에 있습니다.

이제 나 자신과의 데이트를 마음껏 즐기기 바랍니다!

옛날 옛적에…

한 젊은이가 직장을 그만두고, 모아 둔 돈과 배낭 하나만 들고 동남아시아로 여행을 떠났습니다. 머리를 비우고, 즐기며, 자기 자신을 찾기 위해서였지요. 그는 멋진 해변 파티를 즐겼고 전 세계에서 온 흥미로운 사람들을 만났으며, 자연의 경이로운 풍경에 감탄했고 무척 아름다운 장소들을 탐험했습니다. 매일 아침 신선한 코코넛 주스를 홀짝이고 숨 막히도록 아름다운 폭포에서 목욕한 뒤, 메이플 시럽을 얹은 팬케이크를 먹고 수영장으로 향하면서 하루를 시작했지요. 한 마디로 그는 인생 최고의 시간을 보내고 있었습니다.

하지만 진실은 어땠을까요?

출국 이틀 전, 그는 거대한 도시 방콕 한복판에 있는 호텔 로비의 바에 앉아 있었습니다. 새로운 경험과 추억은 쌓였지만 돈은 바닥난 상태였습니다. 누가 봐도 초조한 모습으로 의자에 앉아 태블릿으로 영화를 보고 있던 그에게 바텐더가 다가와 물었습니다.

"괜찮으세요, 손님? 무엇을 도와드릴까요?"

젊은이는 잠시 생각한 후에야 질문에 대답할 수 있었습니다.

"전 괜찮아요. 그런데 안 괜찮은 것 같기도 해요. 지금 제 머릿속은 전쟁 중이거든요. 지난 두 달 동안 인생에서 가장 멋진 시간을 보냈는데도 지금 저는 행복하지 않아요. 왜 그럴까요?"

바텐더는 그에게 레몬 조각을 띄운 탄산수 한 잔을 따라주며 냉동고에서 얼음을 꺼냈습니다.

"아시아에 왜 오셨나요?"

그녀가 물었습니다.

"직장을 그만두고 나서 나 자신을 찾고 싶었어요. 내가 어떻게 살아야 하는지 알고 싶었어요."

그는 대답했지요.

"아, 그런 사람들 중 한 분이시군요! 많은 서양인들이 아시아에 와서 진정한 자기 자신을 찾으려고 해요. 하지만 대부분은 이곳의 온갖 멋진 것들에 정신이 팔려서 실패하고 말아요. 자신만의 시간에 집중하지도 못하고 화면에서 눈을 떼지도 못해요. 고향에 있을 때나 여기서나 똑같지요. 지금 이 순간, 바로 여기에서 자신에게 집중하세요. 답은 아시아에 있지 않아요. 당신 안에 있습니다."

그녀의 말에 젊은이는 생각에 잠겼습니다. 그날 온종일 그는 바 의자에 앉아 있었습니다. 펜을 손에 쥔 채 종이를 앞에 펼쳐 놓고 글을 몇 장이고 써 내려가면서요.

저녁이 되자, 바텐더는 미소를 지으며 방으로 돌아가는 그를

보았습니다. 그 젊은이는 방금 처음으로 자기 자신과의 진정한 데이트를 마친 상태였습니다.

이미 짐작하셨겠지만, 그 젊은이는 바로 이 책을 쓰고 있는 저입니다. 그리고 이 글을 집필 중인 지금은 이미 2만 명이 넘는 사람들이 자신과의 데이트를 경험한 후입니다. 저는 이 성공에 매우 감사하고 있습니다.

제가 당신에게 건네고 싶은 말은 이것입니다. 당신은 스스로에 대해 더 깊이 알고 싶을 것입니다. 자신이 누구인지, 어떻게 살아가고 싶은지 그리고 무엇을 내려놓아야 하는지.

자기 자신을 발견하고 성찰하는 과정에서 저는 중요한 깨달음 하나를 얻었습니다. 이 깨달음은 늘 제 마음속에 자리하고 있고, 어쩌면 당신에게도 어떤 깨달음을 건넬 수 있을지 모릅니다.

그것은 바로, 자기계발보다 스스로 생각하는 것이 더 중요하다는 사실입니다.

"더 아름다워지고 싶나요? 이 제품을 구매하세요. 더 생산적으로 일하고 싶나요? 이 기술을 시도해 보세요. 더 건강해지고 싶나요? 이 쉐이크를 마셔 보세요."

오늘날에는 거의 모든 문제에 대한 해결책이 존재합니다. 이건 물론 좋은 일이지만, 동시에 우리에게 압박과 부담을 주기도 합니다. 온 세상이 끊임없이 '모든 것과 모든 사람이 완벽해질 수 있다'는 환상을 보여주기 때문입니다. 그러면 우리는 다른 사람을 만족시키기 위해 내가 더 아름다워지고, 더 건강해지고, 더 완벽해져야 한다고 믿게 됩니다. 혹은 하고 싶지 않은 일인데도 남들이 칭찬하면 그 일을 더 잘하기 위해 더 생산적이고 더 유능해져야 한다고 생각하게 됩니다.

하지만 이런 태도는 우리의 정신에 좋지 않은 영향을 미칩니다. 왜냐하면 내가 진정으로 원해서가 아니라, 다른 사람들이 '완벽하다'고 생각할 법한 모습을 좇는 일이기 때문입니다.

중요한 건 다른 사람이 아닙니다.

중요한 건 바로 나입니다.

이 책은 빠르게 성공을 이루는 방법에 대한 이야기가 아닙니다. 매일 나만의 성공을 살아가는 방법에 관한 이야기입니다. 행복을 찾아 헤매기보다, 있는 그대로의 나 자신을 진정으로 받아들이는 방법을 말하고 있습니다.

그리고 거기서부터 성장해 나가는 것이지요. 성장은 물론 좋지만 자기계발이 언제나 좋은 것만은 아닙니다.

기억하세요. 중요한 질문은 이것입니다.

"이것은 나를 행복하게 하는가 아니면 나를 압박하는가?"

이 책은 나 자신에게 올바른 질문을 던지고, 오직 스스로 답을 찾아가는 여정을 함께할 것입니다.

나를 초대합니다

나를 향한 여행을 시작할 준비가 되었나요?

자신과의 만남은 수많은 깨달음을 안겨 줄 특별한 경험이 될 것입니다.

여행을 시작하기 전에 먼저 나만의 안식처를 찾으세요.

마음이 비워지고 새로운 생각이 떠오르는 바로 그곳입니다.

내 마음의 쉼터

내게 해당하는 곳에 표시하거나 나만의 특별한 쉼터를 직접 적어 보세요.

☐ 집	☐ 산	☐ 수영장
☐ 스파	☐ 공원	☐ 버려진 장소
☐ 호텔	☐ 배	☐ 해변
☐ 호수	☐ 테라스	☐ 레스토랑
☐ 카페	☐ 숲	☐ _____

그곳을 찾았나요?

바로 그곳, 내가 편히 쉬는 공간에서 자신과의 만남을 시작합니다. 내가 필요한 모든 것은 이미 내 안에 있습니다. 천상의 오아시스와 숨겨진 보물로 향하는 지도는 어쩌면 아직 나조차 모르는 내 내면의 어딘가에 있을지도 모릅니다. 이제 마음속으로 여행을 떠나 그곳에서 마주한 풍경을 따라가세요.

이렇게 하세요

나 자신과의 만남은 내가 편안하고 자연스럽게 느끼는 방식으로 하세요. 이 책에서 최대한 많은 것을 얻고 싶다면 제시된 순서대로 연습을 진행하기를 권합니다. 일부러 시간을 내서, 마음속으로든 실제로든 내가 쉬는 공간으로 가 보세요. 그러고는 스마트폰을 내려놓고 오롯이 나 자신과의 만남에 집중하세요.

여행은 현재에서 시작합니다. 지금 이 순간 내 삶을 돌아보고, 강점과 약점을 발견하며, 무엇이 나를 행복하게 하는지 살펴보세요.

그런 다음에는 과거를 돌아보세요. 그 과정에서 지금까지의 삶에서 만난 기쁨과 어려움을 되짚어 보세요.

마지막으로 자신의 미래를 그려 보세요. 나의 진정한 소망과 꿈을 분명히 인식하고, 그것을 현실로 이룰 방법에 대한 아이디어를 얻을 수 있을 것입니다.

그리고 다시 현재로 돌아옵니다. 나 자신에 대한 새로운 통찰과, 앞으로의 삶을 어떻게 만들어갈지에 대한 영감을 가득 안고서.

책의 구성

각 부(현재, 과거, 미래)의 도입부에서는 해당 삶의 시기로 진입하는 '생각을 여는 질문'이 등장하여 본격적인 내용을 시작하기 전에 마음을 준비할 수 있습니다. 그 뒤로는 동일한 원칙에 따라 구성된 여러 개의 연습이 이어집니다.

먼저 연습이 이 책에 실린 이유와, 그것이 내게 어떤 도움이 되는지 알려드립니다. 그다음에는 연습 방법이 나옵니다. 짧은 지혜를 담은 문장이 연습의 핵심 주제를 살짝 보여주고, 내 안에 이미 모든 답이 있음을 일깨워 줍니다.

시작 단계에서는 해당 연습 주제와 관련된 '생각을 여는 질문'이 등장합니다. 그 질문에 마음속으로 답해도, 글로 적어도 좋습니다. 질문 위와 아래에는 충분한 여백이 있으니 자유롭게 쓸 수 있습니다.

이어서 연습의 본문이 나옵니다. 연습을 쉽게 이해할 수 있도록 설명하고 있습니다.

즐겁게 해 보세요! 각 연습이 끝나면, 잠시 내 마음을 들여다보며 특별한 깨달음을 얻었는지 살펴보기를 권합니다.

자기 성찰의 순환 과정

현재의 분석

나는 누구인가?

미래의 창조

내가 진정 원하는 것은
무엇인가?

과거의 성찰

나는 어떻게 오늘날의
자신이 되었는가?

현재의
나를
들여다보기

나는 언제 특별히
행복하다고 느끼나요?

리얼리티 체크

내가 얻는 것

지금 나의 삶에 얼마나 만족하는지 깨닫고, 아직 아물지 않은 상처와 마주할 수 있습니다.

지금 잘되고 있는 것은 무엇인가요? 어떤 부분에서 더 나아질 여지가 있나요?

내가 현재 어떤 삶을 살고 있는지 한눈에 파악하도록 도와주는 질문들입니다. 그러니 있는 그대로, 솔직하게 답하세요.

어떤 질문은 나를 불편하거나 마음 아프게 만들기도 합니다. 그럴 때는 조금 힘들 수도 있습니다. 하지만 어떤 상황이라도 변화는 가능하다는 사실을 기억하세요.

물론 그 변화에 대한 갈망이 내게서 나올 때만 가능합니다. 이장은 바로 그 변화를 위한 출발점입니다.

> **나는 있는 그대로 소중한 사람입니다.**
> **그리고 이제 나에 대한 책임을 스스로 지려 합니다.**

나의 삶에
점수를 매긴다면
몇 점인가요?

나는 나 자신에게 만족하나요?

내가 완전히 건강하다고
느끼나요?

몸이 탄탄하고 활력이 있다고
느끼나요?

자신의 외모에 만족하나요?

건강하게 식사하나요?

잠을 잘 자고,
또 충분히 오래 자나요?

아침에 기분 좋게 일어나는
편인가요?

자주 웃나요?

현재 연애 상태(하고 있든 하고 있지
않든)에 만족하나요?

성생활에 만족하나요?

항상 의지할 수 있는
좋은 친구들이 있나요?

가족과 좋은 관계를 유지하나요?

내 커리어에 만족하나요?

내 수입에 만족하나요?

꾸준히 새로운 것을
배우고 있나요?

나라면, 나 자신을
만나 보고 싶을 것 같나요?

교환일기의 한 페이지

내가 얻는 것
다시 하고 싶은 일, 나에게 중요하고 즐거움을 주는 일을 떠올릴 수 있습니다.

혹시 친구와의 교환일기에서 문답을 주고받은 적이 있나요?

이 장의 질문들은 내가 어떤 사람인지, 무엇을 좋아하는지 그리고 무엇을 하고 싶은지를 더 명확히 알게 해 줍니다. 바로 답이 떠오르는 질문도 있지만, 조금 더 심사숙고해야 하는 질문도 있습니다.

중요한 것은 바로 지금 이 순간입니다.

✳

마지막으로
새로운 것을 시도한 적은
언제인가요?

- 내 현재 감정 상태

- 내 별명

- 내가 가장 소중하게 여기는 관계

- 내게 가장 중요한 것

- 아침에 일어나서 가장 자주 느끼는 감정

- 내가 가장 좋아하는 일

- 내 자서전의 제목

- 내가 생각하는 성공이란

- 내 인생을 가장 잘 표현하는 노래

한 단어로 내 삶을 표현한다면

나를 슬프게 하는 것

나를 행복하게 하는 것

내가 가장 좋아하는 음식

내가 가장 좋아하는 마실 것

내게서 가장 큰 에너지를 빼앗는 것

내가 가장 두려워하는 것

요즘 내가 가장 많이 하는 생각

내가 가장 미련 없이 포기할 수 있는 것

나에게 가장 중요한 것들

내가 얻는 것

나에게 무엇이 중요한지, 무엇을 놓아줄 수 있는지가 분명해집니다.

더는 사용하지 않는 물건들을 가지고 있나요? 집 안 어딘가에 지금의 내게 즐거움을 주지 않거나 오히려 안 좋은 기억을 떠올리게 하는 물건이 있나요?

이는 물건이나 물질에만 국한되어 있지 않습니다. 스마트폰이나 컴퓨터 속에도 이제 더는 우리를 기쁘게 하지 않는 기억들이 저장되어 있을지 모릅니다.

더는 나를 행복하게 하지 않는 것은 놓아주세요.

지난 몇 년간 산 것 중,
내 삶을 정말로
풍요롭게 해 준 것은
무엇인가요?

오프라인

지금 내 삶에 꼭 필요한 세 가지 물건은 무엇인가요?

일상에서 가장 좋아하는 옷차림은 무엇인가요?

내가 좋아하는 브랜드와 그 이유는 무엇인가요?

나에게 기쁨을 주는 물건은 무엇인가요?

내가 가진 것 중 가장 오래된 물건은 무엇인가요? 왜 아직 가지고 있나요?

내가 가진 것 중 가장 사치스러운 물건은 무엇인가요?

누군가에게 줄 수 있는 물건은 무엇인가요?

온라인

내가 가장 좋아하는 앱과 그 이유는 무엇인가요?

_____

_____

_____

내 연락처에서 가장 소중한 사람들은 누구인가요?

_____

_____

_____

몇 년째 연락하지 않은 사람은 누구인가요?

_____

_____

_____

평균적으로 하루에 스마트폰을 얼마나 사용하나요?

_____

_____

_____

스마트폰은 내 일상에 어떤 도움을 주나요?

스마트폰을 확인하는 가장 흔한 이유는 무엇인가요?

나를 슬프게 만드는 사진이나 영상은 무엇인가요?

행복한 추억을 떠올리게 하는 사진이나 영상은 무엇인가요?

내 안의 피카소

내가 얻는 것

현재 나의 감정을 인식하고, 쌓여 있던 생각을 풀어낼 수 있습니다.

오늘은 내면의 피카소를 꺼내 보세요. 누구의 눈치도 볼 필요 없이, 그저 자유롭게.

어쩌면 그림을 그리는 동안 스스로에 대해 많은 것을 깨닫게 될지도 모릅니다. 필요한 것은 오직 나 자신과 한 자루의 펜 그리고 빈 종이뿐입니다.

주변의 모든 것은 잠시 꺼 두고 방해받지 않는 환경을 만드세요. 그저 마음 가는 대로 그리세요. 그러면 내 안에 숨어 있던 것들이 표면으로 올라올 것입니다.

잘 그리든 못 그리든 상관없습니다. 그림 그리기는 나를 '지금 이 순간'으로 이끌어 줍니다. 다시 현실로 돌아올 때, 나는 새로운 관점과 새로운 생각을 얻을 수 있습니다.

인생은 언제나 당신 안에서 펼쳐집니다.

나의 올해를
한 단어로 표현한다면
무엇인가요?

내 인생을 한 장의 그림으로 표현해 보세요.

그림 안에서 무엇이 보이나요?
나는 그것을 어떻게 받아들이나요?

지금 이 순간 느끼는 감정을 그림으로 나타내 보세요.

그림 안에서 무엇이 보이나요?
나는 그것을 어떻게 받아들이나요?

외적이든 내적이든, 나 자신에게서 가장 좋아하는 부분을
그림으로 표현해 보세요.

그림 안에서 무엇이 보이나요?

나는 그것을 어떻게 받아들이나요?

내 삶에서 없애고 싶은 것을 그려 보세요.

그림 안에서 무엇이 보이나요?
나는 그것을 어떻게 받아들이나요?

나에게 가장 소중한 물건을 그려 보세요.

그림 안에서 무엇이 보이나요?
나는 그것을 어떻게 받아들이나요?

지금 이 순간 떠오르는 것을 그려 보세요.

그림 안에서 무엇이 보이나요?
나는 그것을 어떻게 받아들이나요?

파티 초대장

내가 얻는 것

진정으로 가까운 사람과 중요한 사람이 누구인지 분명해집니다.

내가 승진했다고 상상해 보세요. 이 성공을 축하하는 파티를 준비하며 좌석 배치를 직접 구상하려고 합니다.

가족을 위해 마련한 자리에는 누가 앉나요? 친구들을 위해 마련한 자리에는 누가 앉나요? 지인들을 위해 마련한 자리에는 누가 앉나요? 그리고 의도적으로 초대하지 않은 사람은 누구인가요?

주변 사람들을 바꿀 수는 없지만,
주변에 어떤 사람들을 둘지는 바꿀 수 있습니다.

항상 내 곁에 있는
사람은 누구인가요?

파티 자리배치도

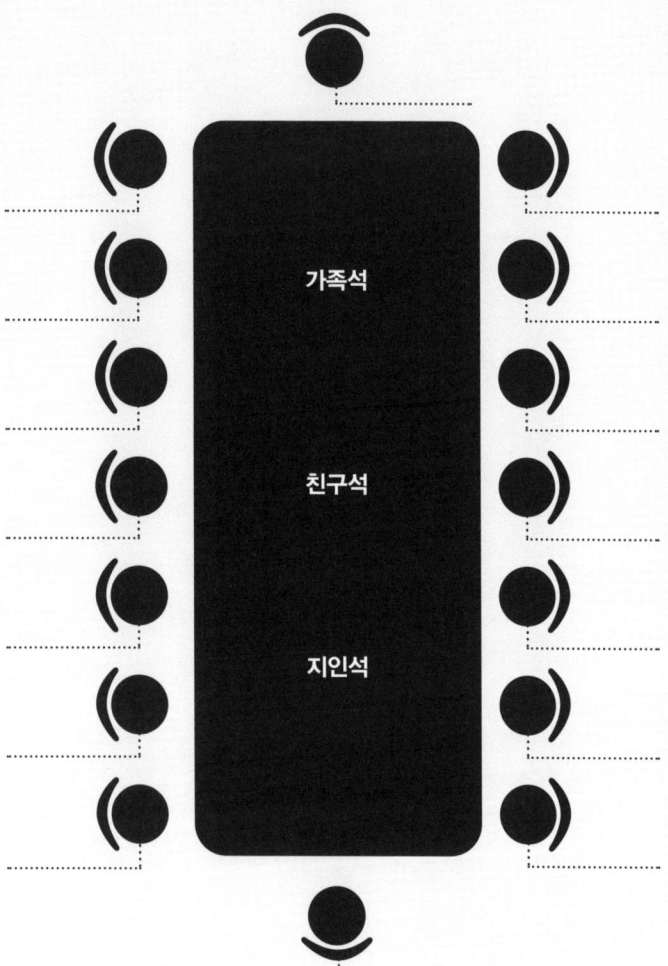

가족석

친구석

지인석

내가 손님들과 나누는
대화의 주제는 무엇인가요?

● 가족

● 친구들

● 지인들

의도적으로 초대하지 않을 사람들

● 누구	● 이유

나의 건강

내가 얻는 것

지금 나 자신이 얼마나 건강하고 활력 있는지, 최근에 소홀했던 것은 무엇이며 앞으로 더 자주 하고 싶은 것은 무엇인지 알 수 있습니다.

사람들은 대부분 몸이 불편하고 아파야 비로소 건강에 관심을 둡니다. 하지만 오늘부터는 습관을 바꿔 봅시다. 이 장에서는 나의 식습관과 운동 빈도, 수면 상태 그리고 정신적 건강 상태를 점검합니다.

> 건강한 사람은 소원이 많지만,
> 아픈 사람은 소원이 단 하나뿐입니다.

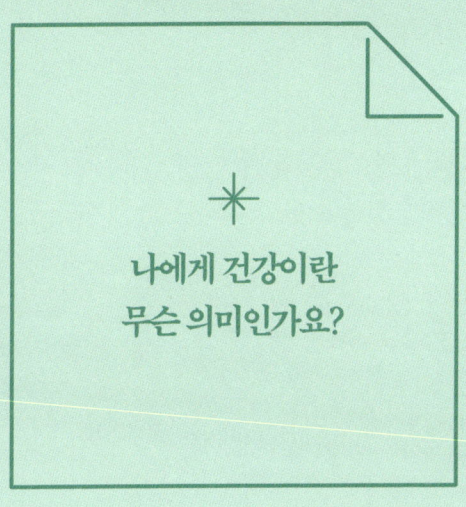

나에게 건강이란
무슨 의미인가요?

식습관

나에게 건강하면서도 맛있는 음식

현재 가장 자주 먹는 음식

식재료를 주로 구매하는 곳

하루에 먹는 과일과 채소의 양

현재 따르고 있는 식단

운동

일주일에 운동하는 횟수

가장 좋아하는 운동 종목

앉아 있는 시간, 누워 있는 시간, 걷는 시간의 비율(%)

운동 전 보통 느끼는 감정

운동 후 가장 자주 느끼는 감정

운동할 때 나의 강점(순발력, 지구력, 유연성 등)

내가 피하는 운동

수면

잠드는 데 보통 걸리는 시간

아침에 가장 자주 느끼는 기분

잠들기 전 마지막으로 하는 일

평균 수면 시간

밤에 깨는 빈도

아침에 일어나서 가장 먼저 하는 일

전반적인 수면 상태에 대한 평가

정신 건강

스트레스가 쌓였을 때 내가 알아차리는 방법

내가 부담스럽고 벅차다고 느끼는 상황

내가 지나치게 걱정하는 것들

지금 미루고 있는 중요한 일

내가 중독되어 있는 것

내가 고민을 털어놓을 수 있는 사람들

내게 에너지를 주는 사람들

나의 에너지를 빼앗아가는 사람들

가득 찬 잔

내가 얻는 것
이미 내 삶에 존재하는 모든 아름다움을 깨닫습니다.

내 잔은 지금 절반이 차 있나요 아니면 절반이 비어 있나요?

이번 장에서는 이미 내 삶 속에 존재하는 수많은 소중하고 아름다운 순간들을 새롭게 느껴 봅니다. 그리고 그 잔을 낙관, 기쁨, 행복으로 가득 채웁니다.

혹시 지금의 삶이 내가 원하는 모습과 다르더라도, 그 안에는 분명 긍정적인 무언가가 있을 것입니다. 세상에는 나보다 더 적게 가진 사람도, 더 많이 가진 사람도 언제나 존재합니다.

> **다 잘되고 있어요.**
> **걱정은 나중에 해도 늦지 않습니다.**

최근 누군가가 내게
고맙다고 인사한 적이 있나요?
언제였나요?

다른 사람에게 받은 조언 중, 내가 고맙게 생각하는 것은 무엇인가요?

어떤 물건에 고마운 마음이 드나요?

최근에 정말 잘 풀린 일은 무엇인가요?

현재 나에게 영감을 주는 사람이나 사물은 무엇인가요?

세상에 존재해서 고마운 발명품과 그 이유는 무엇인가요?

내 몸에게 감사한 부분은 무엇인가요?

새삼 고맙다고 말하고 싶은 사람이 있나요? 누구이며 그 이유는요?

- 최근 누군가가 나를 위해 해 준, 내 삶에 도움이 된 일은 무엇인가요?

- 내가 맺고 있는 관계에서 느끼는 장점이 있나요?

- 요즘 사회에서 나타나는 변화 중, 내가 긍정적으로 생각하는 것은 무엇인가요?

- 내가 사는 지역(혹은 동네)의 어떤 점을 좋아하나요?

- 나를 자주 웃음 짓게 만드는 사람이나 사물은 무엇인가요?

- 있어서 정말 다행이라고 생각하는 기술이나 도구는 무엇인가요?

- 나 자신에게 감사하는 것은 무엇인가요?

나의 이미지 vs 타인의 이미지

내가 얻는 것

나의 강점과 더 발전시켜야 할 부분을 찾을 수 있습니다.

내가 갖고 있는 나의 이미지는 내가 나 자신을 어떻게 인식하는지에 기반합니다. 반대로, 타인이 가진 나의 이미지는 그들이 나를 어떻게 인식하는지에 기반합니다.

먼저 내가 나 자신을 평가합니다. 그다음에는 가까운 친구나 신뢰할 수 있는 사람에게 같은 질문을 보내고, 그들이 나를 어떻게 생각하는지 솔직하게 말해 달라고 요청하세요.

그중에는 분명히 놀랍고도 새로운 깨달음을 주는 답변이 있을 것입니다. 어떤 답변들은 실망스러울 수도 있지만 낙담하지 마세요. 내가 미처 알지 못했던 나 자신의 모습을 알려줄 테니까요.

> 피드백은 고통스러울 때도 있지만
> 항상 내게 도움이 됩니다.

살면서 들었던 칭찬 중
지금도 기억에 남아 있는 말은
무엇인가요?

내가 생각하는 나의 이미지

나는	예	아니요	의미
자신감이 넘침	☐	☐	바라는 것을 명확히 주장할 수 있음
창의적임	☐	☐	무(無)에서부터 사물, 작품, 해결책을 만들어 낼 수 있음
적응력이 높음	☐	☐	새로운 사람이나 상황에 빠르게 적응할 수 있음
신뢰할 수 있음	☐	☐	약속을 지키는 성격임
야망 있음	☐	☐	끈기 있게 목표를 추구함
의욕적임	☐	☐	스스로 동기부여해서 중요한 일을 완수함
공감 능력이 높음	☐	☐	다른 사람의 입장이 되어 그들을 이해할 수 있음
균형 잡힘	☐	☐	외적으로 혼란스러울 때도 내적으로는 차분함
다정함	☐	☐	다른 사람들에게 사랑과 친절을 베풂

나는	예	아니요	의미
남을 돕기를 좋아함			대가를 바라지 않고 흔쾌히 남을 도와줌
유머러스함			다른 사람들을 자주 웃게 함
재치 있음			언어 공격에 자신 있고 재치 있게 대응함
독립적임			타인의 도움 없이 스스로 해낼 수 있음
용감함			두렵더라도 앞으로 나아가기 위해 노력함
충실함			일이 항상 잘 풀리지 않아도 여전히 그 사람을 지지하고 응원함
정직함			자신의 생각을 솔직하고 거짓 없이 말함
인내심 있음			무언가를 오래 기다리거나 불쾌한 상황을 잘 참고 견딜 수 있음

타인이 생각하는 나의 이미지

나는	예	아니요	의미
자신감이 넘침	☐	☐	바라는 것을 명확히 주장할 수 있음
창의적임	☐	☐	무(無)에서부터 사물, 작품, 해결책을 만들어 낼 수 있음
적응력이 높음	☐	☐	새로운 사람이나 상황에 빠르게 적응할 수 있음
신뢰할 수 있음	☐	☐	약속을 지키는 성격임
야망 있음	☐	☐	끈기 있게 목표를 추구함
의욕적임	☐	☐	스스로 동기부여해서 중요한 일을 완수함
공감 능력이 높음	☐	☐	다른 사람의 입장이 되어 그들을 이해할 수 있음
균형 잡힘	☐	☐	외적으로 혼란스러울 때도 내적으로는 차분함
다정함	☐	☐	다른 사람들에게 사랑과 친절을 베풂

나는	예	아니요	의미
남을 돕기를 좋아함			대가를 바라지 않고 흔쾌히 남을 도와줌
유머러스함			다른 사람들을 자주 웃게 함
재치 있음			언어 공격에 자신 있고 재치 있게 대응함
독립적임			타인의 도움 없이 스스로 해낼 수 있음
용감함			두렵더라도 앞으로 나아가기 위해 노력함
충실함			일이 항상 잘 풀리지 않아도 여전히 그 사람을 지지하고 응원함
정직함			자신의 생각을 솔직하고 거짓 없이 말함
인내심 있음			무언가를 오래 기다리거나 불쾌한 상황을 잘 참고 견딜 수 있음

새로운 자기인식

내가 얻는 것

이제는 더 수월하게 결정할 수 있고, 비슷한 가치를 지닌 새로운 사람들을 끌어들이며, 자신감도 커져 갑니다. 그 결과 스스로를 바라보는 눈이 달라지고, 타인이 나를 바라보는 방식도 달라질 것입니다.

'내게 정말 중요한 것은 무엇일까?'
이 장은 지금의 필요를 바탕으로, 내가 소중하게 여기는 가치를 발견하도록 도와줍니다.

가치란 내가 옳다고 믿거나 바람직하다고 여기는 신념이나 성향을 말합니다. 우리는 무의식적으로 매일 그 가치에 따라 행동합니다. 하지만 가치관은 시간이 지나면서 바뀔 수 있습니다.

그래서 지금의 가치가 더는 나와 맞지 않는다고 느낄 때마다, 이 연습을 하면 좋습니다.

나 자신에게 솔직하세요.

최근 내가 내린 가장 큰 결정은
무엇이었나요?

내게 중요한 것을 동그라미로 표시하세요.

모험	가족	주도권
봉사	개방성	우정
영향력	매력	카리스마
포용력	집중력	효율성
인기	희생	평화
독창성	감사하는 마음	중요한 존재가 되는 것
인정받는 것	자유	정직함
명성	인내	이타심
성공	겸허	끈기
융화	기쁨	공감
겸손	자기표현력	평온
공정함	자기관리	편안함
품위	친절함	열정
유대감	균형	자신감

정의	권력	성장
성취	팀워크	영감
삶의 의미	도전	프라이버시
승부욕	연민	자기만족
배움	진실됨	명확함
검소함	도움을 주는 것	시간 엄수
안정성	낙관주의	친밀감
사랑	재산	협력
즐거움	유머	현실주의
믿음직함	질서 정연	성실
충실함	신뢰	창의성
즉흥성	청결	존중
화합	완벽함	다정함

나에게 가장 중요한 열 가지 가치를 꼽아 보고, 이 가치들이 내게 어떤 의미인지 적어 보세요.

1.

2.

3.

4.

5.

6.

7.

8.

9.

10.

스스로 다시 한번 돌아본 뒤 나에게 가장 중요한 세 가지 가치를 꼽아 보세요. 이 가치들을 어떻게 매일의 삶 속에 녹여 내며 살아갈 수 있을지 생각해 보세요.

● **첫 번째 가치**

● **두 번째 가치**

● **세 번째 가치**

현재를 성찰하기

훌륭합니다. 이로써 나는 솔직하게 현재의 삶을 돌아보았습니다. 그
과정에서 내게 누가 중요한지, 무엇이 중요한지, 나에게 중요한 가치
는 무엇이며 나의 강점은 무엇인지 깨달았습니다. 마지막으로, 이번
에 얻은 새로운 깨달음을 적어 보세요.

_____

_____

_____

_____

_____

_____

_____

_____

_____

_____

_____

_____

_____

_____

_____

_____

_____

_____

_____

_____

_____

_____

_____

_____

_____

_____

_____

_____

_____

과거의
나를
성찰하기

과거의 나에게 메시지를 보낸다면
어떤 말을 해 주고 싶나요?

인생의 롤러코스터

내가 얻는 것
지금까지의 내 삶이 왜 이렇게 흘러왔는지 깨달을 수 있습니다.

이 장을 통해 지금까지의 인생에서 겪었던 기쁨의 순간과 슬픔의 순간, 즉 인생의 오르막과 내리막을 발견하게 됩니다.

먼저 질문을 바탕으로 내 삶의 고점과 저점을 생각해 보고, 마지막으로 그 모든 순간을 찬찬히 되돌아보며 성찰해 보세요.

어쩌면 나는 내 인생이 왜 이렇게 흘러왔는지 이미 알고 있을지도 모릅니다. 나아가 내 삶의 사명을 깨달을 수도 있습니다.

> 밑바닥에 있는 순간이야말로
> 가장 큰 성장과 변화를 가져오는 기회입니다.

살면서 경험한
가장 행복한 일은
무엇인가요?

인생의 고점

나의 가장 아름다운 어린 시절 기억은 무엇인가요?

내 인생에서 가장 좋은 날은 언제였나요?

내게 특히 감동을 준 칭찬은 무엇이었나요?

언제 나 자신이 가장 자랑스러웠나요?

어떤 장소에서 나는 특히 편안하고 행복한 기분을 느꼈나요?

내가 지금까지 본 것 중 가장 아름다운 것은 무엇이었나요?

인생의 저점

최악의 기억은 무엇인가요?

언제 마지막으로 눈물을 흘렸나요?

어떤 시기에 특히 불편하거나 힘들었나요?

내가 저지른 가장 큰 실수는 무엇이었나요?

무언가를 잃어 본 적이 있나요?

누군가가 나를 정말 화나게 한 적이 있나요?

내가 부끄럽게 여기는 일은 무엇인가요?

내 인생 최고의 시기

1.

2.

3.

4.

5.

내 인생 최악의 시기

1.

2.

3.

4.

5.

인생 최악의 시기에서 배운 점은 무엇인가요?

1.

2.

3.

애초에 그 힘든 시기를 맞닥뜨리지 않기 위해 나는 무엇을 할수 있었을까요?

1.

2.

3.

만약 그 힘든 시기가 지금 다시 닥친다면, 나는 어떻게 대응할것 같나요?

1.

2.

3.

인생 최고의 시기 이후 내 삶은 어떻게 달라졌나요?

1.

2.

3.

그 최고의 시기가 오늘날에도 나에게 어떤 도움이나 영향을 끼치나요?

1.

2.

3.

그 최고의 시기를 만들어 내기 위해 나는 어떤 노력을 했나요?

1.

2.

3.

새로운 이력서

내가 얻는 것
누가 그리고 무엇이 내게 영향을 주었는지 이해할 수 있습니다.

누군가에게는 따분했던 시절이고, 또 다른 누군가에게는 잊고 싶은 시기였을 것입니다. 하지만 누군가에게는 인생에서 가장 빛나던 시간이었습니다. 바로 청소년기입니다.

사춘기에 접어들면 우리는 보통 많은 새로운 것들을 시도해 봅니다. 엄청나게 멋진 경험도 있었을 테고, 그렇지 못한 일도 있었겠지요.

이 장에서는 나의 '이력서'를 조금 다르게 써 봅시다. 내가 겪었던 경험과 살아온 순간들로 가득 채워진 색다른 방식의 이력서입니다.

가장 큰 실수는, 시도조차 하지 않은 것입니다.

어린 시절, 방과 후에
가장 즐겨 했던 일은
무엇이었나요?

어린 시절, 나는 어떤 아이였나요?

특별히 기억에 남는 학창 시절의 순간들은 언제였나요?

내가 가장 좋아했던 과목은 무엇이었나요?

싫어했던 과목은 무엇이었나요?

특히 기억나는 선생님은 누구이며 그 이유는 무엇인가요?

학교에서 가장 친했던 친구들은 누구였나요?

동아리, 학생회, 봉사 활동 등 단체 활동에 참여했나요?

지금까지 이사를 몇 번 했나요? 그중 어떤 이사가 유독 큰 변화를 가져왔나요?

지금까지 어떤 일을 하면서 용돈이나 돈을 벌었나요?

지금도 기억에 남는 특별한 직업 경험이 있나요?

다시 선택할 수 있다면 지금과 같은 진로를 선택할 건가요? 혹시 변경하고 싶은 점이 있나요?

어떤 나라들을 여행했나요?

최고의 여행은 어떤 여행이었나요?

어떤 언어를 구사할 수 있고, 그 능력을 어떻게 활용하나요?

과거 가장 큰 실수는 무엇이며, 그 경험을 통해 어떤 것을 배웠나요?

청소년 시절, 내게 특별히 큰 영향을 준 사람은 누구였나요?

나의 박물관을 방문하기

내가 얻는 것

나 자신의 성취를 자랑스럽게 기념하고, 과거의 아름다움을 발견합니다.

내 과거가 박물관에 전시되어 있다고 상상해 보세요. 나는 큰 전시실 안에서 벽에 걸린 나의 가장 아름다운 기억들을 바라보고 있습니다. 그 기억들은 특별한 장소들, 함께했던 사람들, 즐거웠던 순간들 그리고 빛나는 성취의 시간들을 담고 있습니다.

이제 그 액자들을 나만의 이야기로 채워 넣을 차례입니다.

> 과거는 사라진 것이 아니라,
> 언제나 지금 이 순간 함께합니다.

*

내 모든 과거를
가장 잘 아는 사람은
누구인가요?

첫 데이트   첫 키스

첫 경험   첫 연애

첫 실연   최고의 성취

어린 시절 장래희망   절대 잊지 못할 기억

어린 시절 가장 좋아했던 일

인생 최고의 하루

어린 시절 나의 영웅

가장 부끄러웠던 기억

가장 좋아하는 장소

가장 좋아하는 영화

가장 좋아하는 드라마

가장 좋아하는 책

롤모델 (또는 안 될 모델)

내가 얻는 것

내가 가고자 하는 지점에 이미 도달한 사람들에게서 배우고, 그들이 걸어온 길에서 공통된 패턴을 발견할 수 있습니다.

이 장에서는 우선 두 명의 롤모델을 정하세요. 한 명은 내게 영감을 주거나 내가 원하는 모습에 이미 도달한 사람으로서의 긍정적인 롤모델, 또 하나는 절대로 닮고 싶지 않은 모습을 보여주는 반면교사입니다.

그런 다음, 그들이 어떻게 지금의 자리까지 왔는지 살펴보고, 그 과정에서 내가 배울 수 있는 점을 찾아 보세요.

아무것도 바꾸지 않으면, 아무것도 변하지 않습니다.

같이 식사하고 싶은 인물은
누구인가요?

나의 긍정적인 롤모델

이분이 특별히 잘하는 일은 무엇인가요?

이분이 특별히 잘하는 일은 무엇인가요?

지금의 모습이 되기까지 이분은 어떤 일을 해 왔나요?

이분의 어린 시절은 어땠나요?

나는 이분에게서 무엇을 배울 수 있을까요?

이 배움을 어떻게 내 삶에 녹여 낼 수 있을까요?

나의 반면교사

이분이 잘못한다고 생각되는 점은 무엇인가요?

지금의 모습이 되기까지 이분은 어떤 일을 해 왔나요?

이분의 어린 시절은 어땠나요?

나는 이분에게서 무엇을 배울 수 있을까요?

이 배움을 어떻게 내 삶에 녹여 낼 수 있을까요?

나의 시작점

내가 얻는 것

부모님이 내게 어떤 영향을 주었는지, 나는 어떻게 지금의 모습이 되었는지 이해할 수 있습니다.

보통 인생의 첫 단계에서 우리에게 가장 큰 영향을 미치는 사람은 부모님입니다. 부모님과 함께 자라는 경우 어린 시절 대부분의 시간을 부모님과 함께 보내지요. 어릴 때는 엄마아빠가 완벽하고 아무런 결점이 없다고 느끼지만, 사춘기에 접어들면 반항심이 생기고 자기 뜻을 관철하고 싶어 하며 사사건건 충돌합니다. 그 시기를 지나 성인이 되면 부모님과 다시 건강한 관계를 맺는 일이 중요한 과제가 됩니다.

아마 부모님이라고 해서 아이를 잘 키우는 법을 배우기 위해 특별한 교육을 받지는 않았을 것입니다. 대부분은 그저 최선을 다해, 아니면 적어도 자신이 옳다고 믿었던 방식대로 양육했을 것입니다. 혹시 그 과정에서 내가 바랐던 모습과 달라 상처를 받았다면, 이제는 부모님을 용서하기를 권합니다. 그것이 결국 나 자신을 위한 치유이기도 하니까요.

있는 그대로 사랑하세요.

만약 오늘이
부모님을 뵐 수 있는
마지막 날이라면,
어떤 말을 전하고 싶나요?

다음 단어를 생각할 때 가장 먼저 떠오르는 것

- **엄마**

- **아빠**

- **나의 어린 시절**

어린 시절 나와 부모님의 관계는 어땠나요?

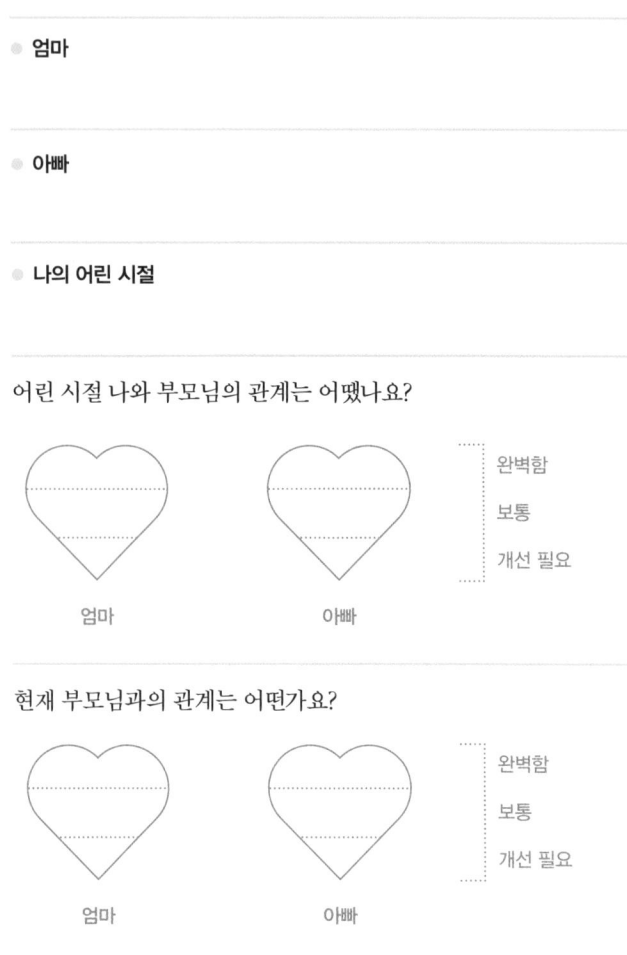

엄마   아빠   완벽함   보통   개선 필요

현재 부모님과의 관계는 어떤가요?

엄마   아빠   완벽함   보통   개선 필요

부모님이 내게 소중했던 순간은 언제인가요?

부모님께 사과드리고 싶은 일이 있나요?

부모님이 하지 못하게 해서 속상했던 일은 무엇이었나요?

부모님께 한 번도 말씀드리지 못한 일이 있나요?

내가 부모가 된다면 부모님의 방식과 다르게 하고 싶은 부분이 있나요?

내면의 평화 찾기

내가 얻는 것

나 자신 혹은 다른 사람을 용서함으로써 마음의 평화를 찾고, 자신과 화해할 수 있습니다.

나나 내가 사랑하는 사람들에게 상처를 준 누군가를 떠올리며 큰 분노를 느낄 때가 있나요?

과거는 바꿀 수 없습니다. 그때 일어난 일은 이미 지나간 일입니다. 그 사람이 그렇게 행동한 데에는 나름의 이유가 있었을 것입니다. 어쩌면 그것 말고는 다른 방법을 몰랐거나, 그 순간 자신이 옳다고 믿는 선택을 했을지도 모릅니다.

중요한 것은 그 사람에게 향한 분노 등의 부정적 감정을 내려놓고 용서를 시작하는 것입니다. 이 장은 내가 품고 있는 부정적인 생각과 감정에서 벗어날 수 있도록 돕습니다. 그렇게 하면 나는 한결 가벼운 마음으로 미래를 향해 나아갈 수 있습니다.

누구를 용서하고 싶나요? 그 대상은 어쩌면 바로 나 자신일 수도 있습니다.

> **용서란, 더 나은 과거를 바라는 마음을
> 내려놓는 것입니다.**

＊

나를 성장시킨 갈등은
무엇이었나요?

내가 용서하고 싶은 사람에게 편지를 써 보세요.
그 안에 나를 상처 입히고 화나게 했던 모든 상황을 적어 내려가세요.
가슴속에 맺혀 있던 모든 원망을 글로 풀어내세요.

_____ 에게

나는 당신이 그런 방식으로 행동했던 것을 받아들일 준비가 되어 있
습니다. 당신은 그 순간 당신이 옳다고 생각한 대로 행동했겠지요.
나는 당신을 용서하고, 나 자신과 화해합니다.

_____ 로부터

지금 어떤 기분이 드나요?

이 편지들은 무엇보다도 나 자신을 위한 것입니다. 하지만 원한다면 이 편지를 상대방에게 보내 과거에 대해 함께 대화를 나눠 보세요.

용서하고 싶은 또 다른 사람들이 있나요? 그들에게도 편지를 써 보세요. 혹시 스스로에게도 용서하고 싶은 것이 있다면 나 자신에게 편지를 써도 좋습니다.

과거를 성찰하기

나는 과거로의 여행에서 돌아와 잠시 멈춰 서 있습니다.
아름다운 순간들을 떠올렸나요? 스스로 더 강해졌다는 기분이 드나
요? 아직 풀리지 않은 응어리들이 있나요? 무엇이 분명해졌나요?

_____

_____

_____

_____

_____

_____

_____

_____

_____

_____

_____

_____

_____

미래의 나를
<u>스스로</u>
만들어 가기

'미래'라는 단어를 들었을 때
느끼는 감정은 무엇인가요?

나의 위시리스트

내가 얻는 것

이 과정을 통해 내가 무엇을 진정으로 원하는지, 마음 깊은 곳의 소망이 무엇인지 더 분명히 알 수 있습니다.

앞으로 어떤 모습으로 성장하고 싶나요? 어떤 것들이 내 삶에 새로이 더해지면 좋을까요? 무엇이 바뀌어야 하고, 무엇이 지금 그대로 남아 있어야 할까요?

이 위시리스트는 산타에게 보내는 소원이 아닙니다. 하지만 원리는 비슷합니다. 먼저 소원을 명확히 한 다음, 그것들을 어떻게 실현할 수 있을지 살펴봅니다. 명확한 목표를 세워도 좋고, 구체적인 계획을 세워도 좋습니다. 아니면 그냥 지금 바로 시작해도 좋습니다.

> **소원은 종종 노력이라는 옷을 입고 찾아옵니다.**

언젠가 꼭 이루고 싶은
마음속 소원은 무엇인가요?

다양한 삶의 영역에서
내가 원하는 것은 무엇인가요?

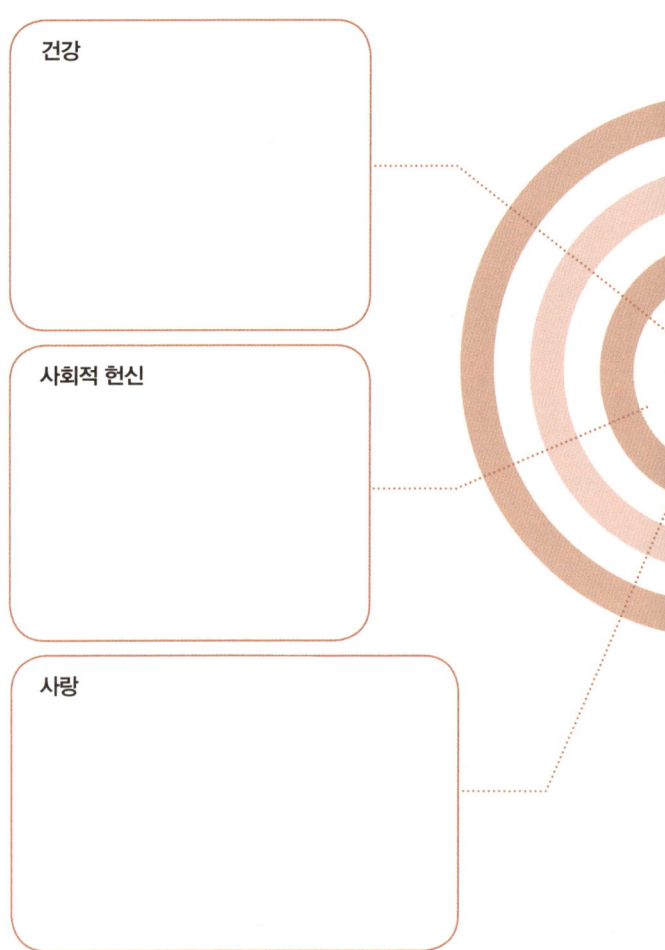

건강

사회적 헌신

사랑

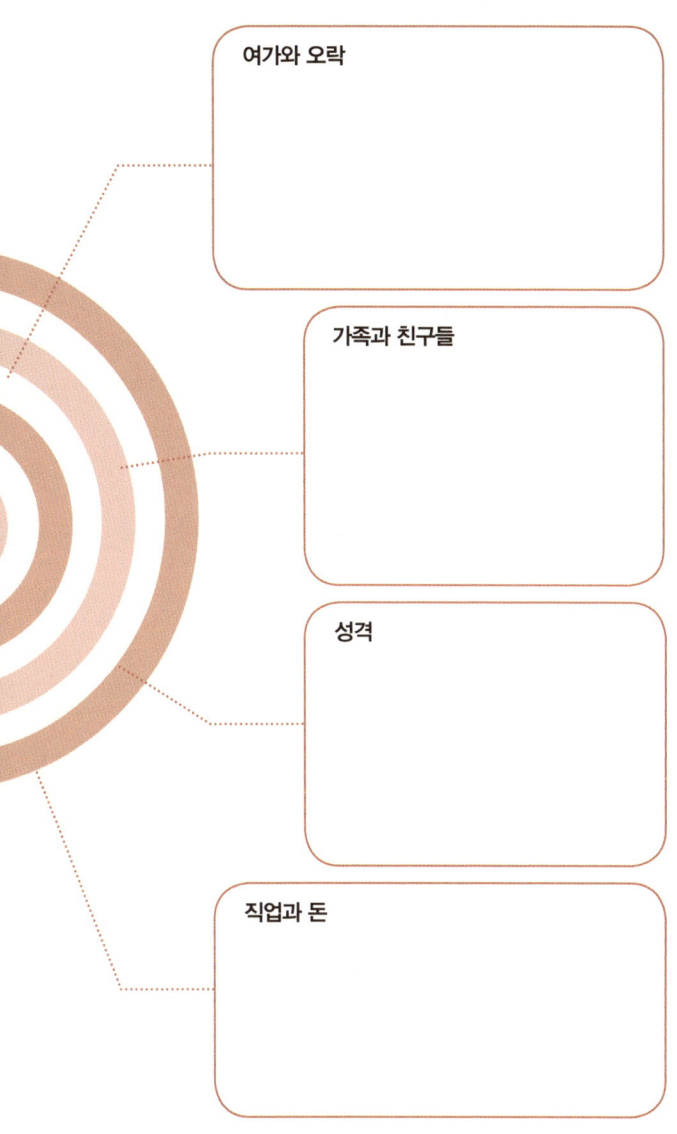

여가와 오락

가족과 친구들

성격

직업과 돈

레디, 액션!

내가 얻는 것

나 자신의 비전과 매일 느끼고 싶은 감정을 발견할 수 있습니다.

상상해 보세요. 내가 영화의 각본가가 되어 내일 하루를 미리 써 내려갈 수 있다면? 시간과 돈이 전혀 문제 되지 않는다면, 나의 이상적인 하루는 어떤 모습일까요?

이 장에서는 이상적인 내일을 그려 보고, 매일 경험하고 싶은 기분을 생각해 봅니다. 머릿속에 내가 가고 싶은 길이 선명히 그려지고, 앞으로 삶에서 내려놓고 싶은 것도 보이기 시작합니다.

이 과정에서 아직 내가 꿈꾸던 삶에 도달하지 못했다는 이유로 슬퍼질 수도 있습니다. 그럴 때는 이 사실을 기억하세요. 무엇을 하느냐보다 그 과정에서 무엇을 느끼는지가 훨씬 더 중요하다 는 것을요.

> **행복은 여행의 목적지가 아니라, 어떻게 그리고
> 누구와 함께 여행하느냐에 달려 있습니다.**

✳

하루 동안
어떤 영화 속 세상에서
살아보고 싶나요?

자정부터 정오까지

언제 일어나나요?

어디에서 하루를 시작하나요?

혼자 일어나나요?

일어났을 때의 기분을 세 단어로 표현한다면?

눈 뜨자마자 가장 먼저 하는 일은 무엇인가요?

아침 식사로 무엇을 먹나요?

어떤 옷을 입나요?

그날의 날씨는 어떤가요?

오전에는 무엇을 하며 보내나요?

평소의 오전과 다른 점은 무엇인가요?

점심 식사로는 무엇을 먹나요? 디저트는요?

정오부터 자정까지

오후에는 무엇을 하며 보내나요?

중간중간 어떤 간식을 먹나요?

오늘은 무엇으로 돈을 벌었나요?

저녁에는 무엇을 먹나요?

저녁 시간에는 무엇을 하며 보내나요?

잠자리에 들기 전에는 무엇을 하나요?

오늘 가장 기뻤던 순간은 무엇이었나요?

다른 사람에게 어떤 즐거움을 주었나요?

잠들기 전 기분을 세 단어로 표현한다면?

이상적인 하루에 대해서 어떤 생각이 들었나요?

가장 크게 떠오르는 감정들을 적어 보세요.

1.

2.

3.

4.

5.

6.

이 감정들을 오늘부터 느끼며 살아갈 수 있기 위해서는 무엇을 할 수 있을까요?

더없이 행복한 순간

내가 얻는 것

삶의 새로운 방향을 찾고, 앞으로 어떤 사람이 되고 싶은지 깨닫게 됩니다.

한번 상상해 보세요. 평화롭게 나이 들어 지난 삶을 돌아보며, 자신의 장례식을 직접 준비하는 내 모습을요.

그 과정에서 소중한 사람들이 나와 어떤 시간을 함께했는지, 나의 어떤 모습을 좋아했는지 그리고 그들이 아직 살아 있다면 내 장례식에서 어떤 이야기를 할지 떠올려 보세요.

이 장은 죽음보다는 오히려 삶과 더 깊은 관련이 있습니다.

> 인생에서 겪은 일들을 후회하지 마세요.
> 모든 것은 배움입니다.

✳

**내 삶이 한 달밖에
남지 않았다면
무엇을 할 건가요?**

나의 죽음을 상상한다면

몇 살까지 살고 싶나요?

세상에 무엇을 남기고 싶은가요?

나의 가장 큰 직업적 혹은 개인적 성취는 무엇이었나요?

내 장례식에서 어떤 음악이 흐르길 바라나요?

다음 생이 있다면 무슨 일을 해 보고 싶나요?

소중한 사람들이 회고할 나의 모습은 무엇일까요?

● 가족

함께한 가장 소중한 기억은 무엇인가요?

고인의 어떤 면을 가장 좋아했나요?

어떤 모습으로 고인을 영원히 기억할 것 같나요?

● 친구들

함께한 가장 소중한 기억은 무엇인가요?

고인의 어떤 면을 가장 좋아했나요?

어떤 모습으로 고인을 영원히 기억할 것 같나요?

행복으로 가는 길

내가 얻는 것

새로운 관심사(혹은 잊고 지냈던 옛 관심사)를 발견하고, 무엇이 나를 진정으로 열광하게 하는지 알 수 있습니다.

무엇을 할 때 가장 즐겁나요? 단순한 시간 때우기가 아니라 특별한 의미가 있는 취미는 무엇인가요? 혹시 내 안에 스타 셰프가 숨어 있나요? 아니면 유명한 산악인? 또는 전혀 다른 무언가일 수도 있지요.

무엇이든 괜찮습니다. 열정을 쏟을 수 있는 일이라면 그 자체가 삶의 기쁨입니다. 그 과정에서 어려움을 이겨내기도 하고, 새로운 영감을 주는 사람을 만나기도 하지요.

이 장에는 다양한 선택지가 담겨 있습니다. 그중에서 잊고 있었던 흥미를 다시 떠올리거나, 새로운 관심사를 발견할지도 모릅니다.

나에게 즐거움을 주는 일을 하세요.

＊

내가 몇 시간이고
열정적으로 이야기할 수 있는
주제는 무엇인가요?

지금 열심히 하고 있는 것이나 흥미로운 것 또는 시도하고 싶은 것에 동그라미를 치세요.

스포츠

축구	승마	인라인스케이팅
농구	다트	치어리딩
핸드볼	조깅	요트/세일링
배구	체조	서핑
보디빌딩	육상	스쿼시
춤	등산	웨이크보드
클라이밍	자전거	종합격투기
체스	레슬링	주짓수
스케이트보드	복싱	태권도
저글링	스키	카누
트램펄린	스노보드	보트 타기
탁구	가라테	파쿠르
볼링	패들보드	럭비
골프	유도	미식축구
수영	아이스하키	야구
당구	아이스스케이팅	수구

음악

노래하기	비트 만들기	비트박스
음악 감상	기타	드럼
피아노	타악기	플루트
바이올린	트럼펫	

수공예

원예	조각	바느질
장식	목공	뜨개질
요리	베이킹	도예
DIY	공예	

휴식

요가	명상	낚시
뜨개질	사우나	산책
마사지	독서	퍼즐 풀기
영화 보기	TV 보기	바이오해킹
자기최면		

창작

유화	스케치	언어 학습
글쓰기	연기	소셜 미디어
사진 촬영	영상 제작	

기타

친구들과 대화	정치 토론	봉사활동
환경 보호 활동	보드게임	e-스포츠
코스프레	스카이다이빙	패러글라이딩
홈 시네마	맛집 탐방	와인
반려동물	수족관	주식 투자
쇼핑	유원지	지오캐싱(GPS 보물찾기)
점성술	마술	수집
만화	사교모임	홈시어터
콘서트	페스티벌	공부
박물관	패션	자연과학
프로그래밍	캠핑	전통문화 축제

야생 체험   애니메이션   오토바이

자동차   여행   다큐멘터리

맥주 양조   모형 만들기   연극

락피킹(자물쇠 따기)   슬랙라인(줄타기)   바텐딩

연날리기

나는 어떤 타입인가요?

☐ 스포츠맨 (운동을 즐기는 사람)

☐ 아티스트 (예술, 창작을 즐기는 사람)

☐ 라이프러버 (삶을 즐기는 사람)

☐ 메이커 (공예, 만들기, DIY를 즐기는 사람)

☐ 이타주의자 (남을 돕기를 좋아하는 사람)

☐ 개인주의자 (혼자 있기를 좋아하는 사람)

자주 즐기는 취미나 덕질은 무엇인가요?

새롭게 시도하거나 되살리고 싶은 열정은 무엇인가요?

1.

2.

3.

잠깐 세상 좀 구하고 올게

내가 얻는 것

다른 사람들의 삶을, 그리고 그로 인해 나 자신의 삶을 더 나아지게
하는 데 기여함으로써 깊은 행복을 느낄 수 있습니다.

세상에 무엇이 부족하다고 느끼나요? 무엇이 마음에 들지 않아
바꾸고 싶나요?

내 마음에 와닿는 무언가를 발견하고, 그것을 통해 다른 사람의
삶에 눈에 띄는 변화를 만들 수 있다면 큰 보람과 만족을 얻을
것입니다. 이 장을 통해 미래에 그런 일을 하고 싶은지 생각해
보세요.

> 남을 위해 하는 좋은 일은 언제나
> 나 자신에게도 좋은 일입니다.

✳

만약 세상을 바꿀 수 있다면,
무엇을 바꾸고 싶나요?

요즘 가장 걱정스러운 문제는 무엇인가요?

집에서

주변에서

세계에서

내 삶과 타인의 삶을 더 나아지게 만들 수 있는 생각이 있다면
무엇인가요?

● 문제

● 아이디어

조건 없는 사랑

내가 얻는 것

다른 사람들의 삶을 더 나아지게 함으로써 깊은 충만을 느낍니다.

아무 대가를 바라지 않고 무언가를 건넸을 때, 받은 사람이 보여주는 기쁨의 눈빛은 무엇과도 바꿀 수 없는 경험이지요. 이 감정을 발견하는 것이 이 장의 목적입니다.

가까운 주변 사람 세 명을 떠올려 보세요. 그들이 어떤 어려움에 처해 있는지, 어떤 소망을 갖고 있는지 생각해 보고, 어떤 선물을 건넬 수 있을지 아이디어를 떠올려 보세요.

아무것도 바라지 말고 베풀어 보세요.

*

지금까지 받아 본 선물 중
가장 특별했던 것은
무엇이었나요?

사람	어려움
나와 가까운 세 사람의 이름을 적어 보세요.	그 세 사람이 겪고 있는 어려움을 적어 보세요. 지금 그들의 삶에서 가장 큰 문제는 무엇인가요?

1

2

3

바람	아이디어
세 사람이 가진 소망을 적어 보세요. 그 사람이 꼭 이루고 싶어 하는 것은 무엇인가요?	세 사람을 어떻게 도울 수 있을지 아이디어를 적어 보세요. 그 사람의 삶을 더 편하게 만들기 위해 내가 할 수 있는 일은 무엇인가요?

길이 곧 목표다

내가 얻는 것
삶의 여정을 한 걸음 더 나아가게 할 목표를 세울 수 있습니다.

누군가는 프로 축구 선수가 되는 것을, 누군가는 직장에서 성취를 이루는 것을, 또 누군가는 올해 안에 5kg 감량하기를 목표로 삼습니다. 이렇듯 목표는 사람마다 다릅니다. 나에게도 마찬가지입니다.

이 장은 나만의 목표를 정하고, 실행 계획을 세우며, 예상되는 장애물과 그것을 극복할 방법을 살펴보는 과정입니다. 마지막으로 중요한 것은, 실제로 행동으로 옮기는 일입니다.

내게 무엇이 좋은지는 나 자신이 가장 잘 압니다.

✳

버리고 싶은
나쁜 습관이 있나요?

내가 이루고 싶은 목표	그 목표를 위한 계획
1	
2	
3	

예상되는 장애물　　　　　　**장애물을 극복할 방법**

미래를 스스로 만들어 가기

새로운 길을 선택해 보세요. 좋아하는 일을 더 많이 하세요. 색다른 것을 시도하거나, 지금 살아가는 방식에 변화를 줘도 좋습니다. 무엇을 선택하겠습니까? 미래와의 대화를 통해 오늘의 삶에 대해 어떤 깨달음을 얻었나요?

_____

_____

_____

_____

_____

_____

_____

_____

_____

_____

_____

_____

_____

생각의 페이지

내가 얻는 것

자신을 더 깊이 이해하고, 새로운 관점을 발견하며, 생각을 정리할 수 있습니다. 나에 대해, 삶에 대해, 세상에 대해.

먼저 짧게 명상하며 마음을 가라앉힌 뒤, 주어진 주제에 대해 원하는 만큼 자유롭게 써 보세요.

단어 하나, 짧은 한 문장 혹은 마인드맵이어도 괜찮습니다. 정해진 규칙은 없습니다. 오직 내 안에서 흘러나오는 대로 쓰면 됩니다.

생각이 자유롭듯, 나 또한 자유롭습니다.

내가 진짜로 원하는 것은
무엇인가요?

건강

돈

사랑

우정

사치

가족

커리어

즐거움

소셜 미디어

기분 전환

평화

자유

행복

나의 인생

감사하는 마음

집

작은 모험 떠나기

내가 얻는 것

혼자만의 시간을 즐기고, 새로운 경험을 쌓으며, 나 자신을 더 깊이 이해할 수 있습니다.

스스로를 돌아보고 여러 가지를 발견했다면, 이제 그 깨달음을 삶에 녹여 낼 차례입니다. 안으로 시작해서 밖으로, 마침내 세상으로 퍼져 나가는 과정입니다.

이 장은 내가 작은 모험을 직접 경험하도록 도울 것입니다. 마음껏 즐기세요.

> 모험은 계획이 끝나는 순간부터 시작됩니다.

지금까지 해 본 일 중에
가장 미친 짓은 무엇인가요?

좋아하는 레스토랑에 가서 맛있는 음식을 주문하세요.

....

팁: 누군가와 첫 데이트를 하는 기분으로 멋지게 차려입고 가면 더욱 좋습니다.

어떤 느낌이었나요?

☆ ☆ ☆ ☆ ☆

이 경험을 통해 나 자신에 대해 무엇을 알게 되었나요?
또 어떤 생각이 떠올랐나요?

동네를 산책하세요.

··

팁: 평소에 그냥 지나쳤던 것들을 의식적으로 살펴보세요.

어떤 느낌이었나요?

이 경험을 통해 나 자신에 대해 무엇을 알게 되었나요?
또 어떤 생각이 떠올랐나요?

극장에 가서 나초나 팝콘을 먹으며 영화를 관람하세요.

팁: 한눈팔지 말고 영화에 집중하며, 영화가 전하는 메시지에 대해 생각하세요.

어떤 느낌이었나요?

☆ ☆ ☆ ☆ ☆

이 경험을 통해 나 자신에 대해 무엇을 알게 되었나요?
또 어떤 생각이 떠올랐나요?

소중한 사람에게 정성이 담긴 선물을 하세요.

···

팁: 무엇이 우리를 이어주는지 떠올려 보세요. 함께한 추억일 수도 있고 같이 좋아하는 노래, 닮은 성격일 수도 있습니다.

어떤 느낌이었나요?

이 경험을 통해 나 자신에 대해 무엇을 알게 되었나요?
또 어떤 생각이 떠올랐나요?

_____

_____

_____

_____

마치 관광객처럼, 한 번도 가 본 적 없는 곳을 걸어 보세요.

....

팁: 집 근처의 아무 길이라도 괜찮습니다. 그것만으로도 새로운 시야가 펼쳐질 테니까요.

어떤 느낌이었나요?

이 경험을 통해 나 자신에 대해 무엇을 알게 되었나요?
또 어떤 생각이 떠올랐나요?

_____

_____

_____

_____

조금은 특별한 호사를 누려 보세요.

....

예: 미용실에서 추가 서비스 받기, 사우나에 가기, 근사한 칵테일 즐기기

어떤 느낌이었나요?

이 경험을 통해 나 자신에 대해 무엇을 알게 되었나요?
또 어떤 생각이 떠올랐나요?

_____

_____

_____

_____

일출이나 일몰을 감상하세요.

....

팁: 편안하게 느껴지는 장소를 찾아 그곳에서 즐겨 보세요.

어떤 느낌이었나요?

☆ ☆ ☆ ☆ ☆

이 경험을 통해 나 자신에 대해 무엇을 알게 되었나요?
또 어떤 생각이 떠올랐나요?

기차를 타고 가다가 마음이 끌리는 곳에서 내리세요. 거기서 무엇을 발견할 수 있을지 둘러보세요.

팁: 분명 멋진 무언가를 만나리라고 믿으세요.

어떤 느낌이었나요?

이 경험을 통해 나 자신에 대해 무엇을 알게 되었나요?
또 어떤 생각이 떠올랐나요?

지금 계절에만 즐길 수 있는 특별한 일을 하세요.

....

예: 겨울에 눈사람 만들기, 봄에 꽃놀이 가기, 여름에 아이스크림 먹기, 가을에 낙엽 줍기

어떤 느낌이었나요?

이 경험을 통해 나 자신에 대해 무엇을 알게 되었나요?
또 어떤 생각이 떠올랐나요?

_____

_____

_____

_____

우리 집이 미슐랭 레스토랑이라고 상상하며, 나를
위해 코스 요리를 차려 보세요.

팁: 먹는 순간뿐 아니라 요리하는 과정도 함께 즐겨 보세요.

어떤 느낌이었나요?

이 경험을 통해 나 자신에 대해 무엇을 알게 되었나요?
또 어떤 생각이 떠올랐나요?

_____

_____

_____

_____

지금 자신의 영상을 찍으면서, 앞으로 6개월 동안 바꾸고 싶은 점 1~3가지를 말해 보세요. 그리고 6개월 뒤에 이 영상을 다시 보세요.

팁: 휴대폰 캘린더에 미리 알림을 설정해 두면 좋습니다.

어떤 느낌이었나요?

☆ ☆ ☆ ☆ ☆

이 경험을 통해 나 자신에 대해 무엇을 알게 되었나요?
또 어떤 생각이 떠올랐나요?

조용한 장소에 앉아 10분 동안 호흡에만 집중하세요.

팁: 방해되는 것들은 치우세요. 원한다면 잔잔한 음악을 틀어도 좋습니다.

어떤 느낌이었나요?

이 경험을 통해 나 자신에 대해 무엇을 알게 되었나요?
또 어떤 생각이 떠올랐나요?

디지털 공간을 정리하세요. 더는 필요 없거나 도움이 되지 않는 사진, 영상, 대화방, 파일, 앱을 스마트폰에서 지우세요.

팁: 팝업 알림을 꺼 두면 집중하기가 훨씬 쉬워요.

어떤 느낌이었나요?

이 경험을 통해 나 자신에 대해 무엇을 알게 되었나요?
또 어떤 생각이 떠올랐나요?

좋아하는 노래를 틀고 마음껏 따라 부르며 춤추세요. 스트레스가 날아가고 기분이 상쾌해질 거예요.

팁: 편안하고 누구에게도 방해받지 않는 공간에서 하세요.

어떤 느낌이었나요?

이 경험을 통해 나 자신에 대해 무엇을 알게 되었나요?
또 어떤 생각이 떠올랐나요?

_____

_____

_____

오늘 하루 남은 시간 동안 스마트폰을 내려놓고, 나를 위한 즐거운 일을 하세요.

팁: 전자기기를 사용하지 않는 활동을 찾아보세요.

어떤 느낌이었나요?

이 경험을 통해 나 자신에 대해 무엇을 알게 되었나요?
또 어떤 생각이 떠올랐나요?

입지 않는 옷들을 골라내고 옷장을 정리하세요.

팁: 안 입는 옷은 기부하거나 팔거나 누군가에게 나눠 줄 수 있습니다.

어떤 느낌이었나요?

이 경험을 통해 나 자신에 대해 무엇을 알게 되었나요?
또 어떤 생각이 떠올랐나요?

해냈습니다!

지금까지 나와의 첫 데이트였습니다. 스스로를 알아가고 새로운 것들을 발견했으며, 어쩌면 잊고 있었던 것을 다시 떠올렸을 것입니다.

이제 마지막이자 가장 중요한 질문입니다.

나와의 데이트를 마친 지금…

나는 나 자신과 계속 잘 지내고 싶나요?

☐ 예

☐ 아니요

☐ 글쎄

Note

나의 책

제1판 1쇄 인쇄 | 2025년 12월 10일
제1판 1쇄 발행 | 2025년 12월 26일

지은이 | 톰 봅지엔
옮긴이 | 오은환
펴낸이 | 하영춘
펴낸곳 | 한국경제신문 한경BP
출판본부장 | 이선정
편집주간 | 김동욱
책임편집 | 오은환
교정교열 | 최혜영
저작권 | 백상아
홍보마케팅 | 김규형·서은실·이여진·박도현
디자인 | 이승욱·권석중
본문디자인 | 디자인 현

주　소 | 서울특별시 중구 청파로 463
기획편집부 | 02-360-4556, 4584
홍보마케팅부 | 02-360-4595, 4562　FAX | 02-360-4837
H | http://bp.hankyung.com　E | bp@hankyung.com
F | www.facebook.com/hankyungbp
등　록 | 제 2-315(1967. 5. 15)

ISBN 978-89-475-0216-0　03190